JN081805

世界一ズボラな BOXパン！

ぐるぐる混ぜて、少し置いたら、3分チン

BOXパンはあっという

材料は4つだけ！

基本のBOXパンの材料は、強力粉、塩、ドライイースト、水のたった4つだけ。砂糖やバターを使わないので、健康に気を遣っている方にもオススメです。

作業時間はたった3分！

BOXパンは材料を量って、混ぜて、室温で発酵させたら電子レンジでチンすればできあがり！ 作業時間は3分ほどなので、忙しい人でも気軽に作れます。

間にできて、世界一簡単！

オーブンいらず！

加熱は電子レンジのみ！オーブンが家になくても、おいしいできたてパンが食べられます。焼き色をつけたい人はトースターやフライパンで焼けばOK!

BOXの中で完結！

量るのも、混ぜるのも、加熱もすべてBOXの中でできるので、洗い物が少なくてすみます。さらに、保存もBOXでできるのがうれしいところ！

BOXパンはアレンジが自由自在！

基本の材料にお好みの具材を追加すれば、お食事パン
もおやつパンもアレンジは無限大。自分なりにアレン
ジするときのコツや注意点はP.76をチェック!

＞ はじめに ＜

　朝ごはんやランチ、おやつなど、毎日の食卓にかかせないパンですが、「パン作りは難しい」と思っている方も多いのではないでしょうか?

　私は製粉会社に勤務していた経験をもとに、おもにパン教室の先生に向けてパン作りと小麦粉の性質についてお伝えする教室を運営しています。
　その中で感じるのは、小麦粉の性質をきちんと理解して作れば、パン作りって実は「とっても簡単で楽しい!」ということ。

　多くの方にパン作りを楽しんでいただきたいという思いから、できる限り簡単で、おいしく、失敗することなく作れるレシピを日々試行錯誤してきました。
　本書では、そのようにして作り出した世界一簡単なBOXパンをご紹介します。

「大変そうだからパン作りをしたくない」
「これまで何度もパン作りに失敗してしまった」
　そんな方にこそ、簡単でおいしいBOXパンを試していただき、小麦粉のおいしさ、パン作りの楽しさを感じていただけたらうれしいです。

斎藤ゆかり

Contents

(Chapter 1)
お食事BOXパン

Chapter 2
おやつ BOX パン

Chapter 3
もっと楽しむ！ BOX パン

基本の道具

Ⓐ
はかり

はかりは家庭用で大丈夫ですが、パン作りは分量を正確に量ることが成功の秘訣なので、0.1g単位で量れるものをオススメします。少量を量る場合は、スプーンスケールなどを使用すると、より誤差が少なくなります。

Ⓑ
BOX

BOXパンは電子レンジで加熱するため、電子レンジ対応のコンテナ容器を使用します。同じ容量でも、幅の広いものはムラになりやすいので、高さがあって幅の狭いものがオススメ。本書では510mlと130mlの2種類を使用します。

Ⓒ
フォーク
スプーン

一般的な金属製のフォーク、スプーンを使います。フォークは大きいサイズのもの、スプーンは小さいサイズのものを使用すると、ムラなく混ぜやすいです。

基本の材料

Ⓓ 強力粉

本書では、日清製粉の「日清 カメリヤ 強力小麦粉」を使用しています。小麦粉は商品によってグルテン量や必要な水分量が変わってくるため、本書のレシピでは、こちらを使用していただけると失敗が少なくなります。

Ⓔ ドライイースト

本書では、日清製粉の「日清 スーパーカメリヤ ドライイースト」を使用しています。その他のイーストでも作れますが、こちらも小麦粉同様に商品によって発酵時間や仕上がりが変わることがあります。

Ⓕ 水

水は水道水かミネラルウォーターを低めのぬるま湯（30℃前後）にして使用してください。冷たいと発酵が遅くなり、熱すぎると発酵が早くなり、イースト菌が死んでしまいますので、注意してください。

Ⓖ 塩

ご家庭にあるお好きな塩を使ってください。

基本のBOXパン

シンプルで飽きのこない味なので
毎日の食事にぴったりです！

> 材料（510㎖コンテナ1個分）

Ⓐ 塩…2g
Ⓑ ドライイースト
　　（日清　スーパーカメリヤ）…1g
Ⓒ 水…90g
Ⓓ 強力粉（日清　カメリヤ）…100g

〉 上手に作るコツ 〈

**分量を
正確に量る**

BOXパンの材料は正確に計量しましょう。とくに塩やドライイーストは少ない分量になりますので、誤差が仕上がりにも影響してしまいます。

**強力粉とイーストは
日清製粉が
オススメ**

本書では日清製粉の強力粉とドライイーストを使用しています。商品によってできあがりが変わるため、できればこちらを使用してください。

**量るのも
BOXでOK**

分量を量るときはBOXに直接入れながら量っていっても構いません。洗い物が少なくすみます。

作り方

①

塩、ドライイースト、
水をコンテナに入れ、
溶けるまで
フォークでよく混ぜる。

···(**POINT**)···

材料をコンテナに入れたらすぐに混ぜま
しょう。510mlのコンテナはフォークを
使うと端まで混ぜやすいのでオススメ。
イーストが容器にはりつきやすいので、
下から見て確認し、溶けるまでしっかり
混ぜて。

②

強力粉を加え、粉っぽさがなく
なり粘り気が出るまで小さめの
スプーンで1分以上を目安に
ぐるぐるとよく混ぜる。

···(**POINT**)···

すぐに強力粉を加え、端まで混ぜ残しの
ないように全体を勢いよくしっかり混ぜ
ましょう。徐々に写真のような膜状になっ
て、粘り気が出てきます。けっこう力
がいりますが、混ぜが足りないと膨らま
ないので、頑張って!

③

乾燥しないようにフタをし、
室温に置いて高さが
2倍以上になるまで
60〜90分発酵させる。

・・・・・ POINT ・・・・・

室温により発酵時間の調整をしてください。室温が高い夏は発酵が早くなり、室温が低い冬は発酵が遅くなります。高さの目安は下記の写真を参考にしてください。発酵しすぎて過発酵という状態になるとおいしくなくなってしまうので置きすぎないよう注意。

発酵前 　　発酵後

④

フタをせず、
600Wの電子レンジで
2分30秒〜3分加熱する。

・・・・・ POINT ・・・・・

電子レンジの加熱時間は個体差があります。表面が白い場合は生なので、様子を見ながら追加で20〜30秒ずつ加熱してください。電子レンジは熱が中心から通るので、表面が乾けばOK。粗熱が取れたらコンテナから出して冷まします。

130㎖のコンテナで作る

本書の510㎖のコンテナで作るレシピは、130㎖のコンテナ4個に分けて作ることも可能。その場合、材料はボウルに入れて、工程**1**は泡だて器で混ぜ、工程**2**は菜箸の持ち手側で混ぜ、発酵前にコンテナに分けます。1個につき生地は約47g。加熱はコンテナ1個ずつで、各1分〜1分30秒です。

発酵前　　　　　　発酵後

パンを切るコツ

BOXパンはふんわり・もっちりとした仕上がりが特徴のため、やや切りづらいことがあります。切るときは、しっかり冷ましてから。ナイフに水をつけながら切るとキレイにできます。パンをつぶさないよう、小刻みに動かしながら切りましょう。

保存の仕方

常温

焼きあがったパンは結露してしまうので、粗熱が取れたらいったんコンテナから出して冷ましてから、コンテナに戻します。常温保存の目安は1日ほど。直射日光を避け、乾燥しないようにフタをしましょう。コンテナの口より高さがある生地のときはラップでしっかりと密閉します。

冷凍

1日で食べきれない場合は、できあがってすぐに冷凍がオススメ。パンを切ってからコンテナに戻し、常温と同様にフタかラップなどで密閉します。保存の目安は1週間ほど。

解凍方法 ⋯⋯⋯⋯⋯⋯⋯⋯⋯⋯⋯⋯⋯⋯⋯⋯⋯⋯⋯⋯⋯

常温
朝食べるのなら寝る前に冷凍庫から出して常温に置いておきます。

電子レンジ
ラップをかけて600Wで40秒ほど、様子を見ながら温めます。温めすぎると中心から硬くなるので注意。

〉BOXパンでオープンサンド 〈

子どもも大好きな定番！

サンドイッチ人気NO.1
卵ハムサンド

[作り方]

卵1個をゆでる。マヨネーズ大さじ2、こしょう少々、パセリのみじん切りとマスタード各適量をボウルに入れ、卵をざっくりとつぶしながらよく混ぜる。ハムやレタスと一緒にパンにのせる。

和風アレンジもおいしい！

しょうゆとねぎで
ちょっと和風
鮭マヨ

[作り方]

鮭フレークとマヨネーズを各適量、しょうゆ少々をボウルで混ぜる。パンにのせ、好みで小ねぎの小口切りをのせる。

黒糖やてんさい糖で作っても◎

砂糖のしゃりっと
食感が楽しい!

シュガートースト

［ 作り方 ］

パンにバター(有塩)またはマー
ガリン(有塩)をたっぷり塗り、
その上に砂糖適量をまんべんな
くふる。温めたトースターで焼
き色がつくまで焼く。

フレッシュな
フルーツがおいしい

フルーツ+あんこ

［ 作り方 ］

パンにあんこを適量のせ、好み
のフルーツを食べやすくカット
してのせる。フルーツは水分を
切ってから使うのがポイント。

即席いちご大福のようなデザートパン!

〉 BOXパンを焼く 〈

シンプル イズ ベスト！

トースターで焼く

温めたトースターで1〜2分ほど、こんがりと好みの焼き色がつくまで焼く。乾燥が気になる場合は、あらかじめパンに霧吹きで水をかけておくと◎。好みでバターやマーガリンを塗っていただく。

お好みの焼き加減でどうぞ

フライパンで焼く

熱したフライパンにオリーブオイル適量をひき、片面を弱火〜中火で2〜3分ほど焼く。焼き色がついたら裏返してもう片面も焼く。好みで塩少々をふっていただく。

Chapter
1

お食事BOXパン

チーズやハム、野菜などを使った
お食事で食べたいBOXパンを
ご紹介します。
朝ごはんやランチはもちろん、
BOXに入れて運べるので、
お弁当にしても！

ハムチーズパン

朝昼晩いつでも食べたい
王道の組み合わせ！

材料（510㎖コンテナ1個分）

塩 … 2g
ドライイースト … 1g
水 … 90g
強力粉 … 100g
ハム … 1枚
スライスチーズ … 1枚

作り方

1 塩、ドライイースト、水をコンテナに入れ、溶けるまでフォークでよく混ぜる。

2 強力粉を加え、粉っぽさがなくなり粘り気が出るまで小さめのスプーンで1分以上を目安にぐるぐるとよく混ぜる。

3 乾燥しないようにフタをし、室温に置いて高さが2倍以上になるまで60～90分発酵させる。

4 短冊切りにしたハムとチーズを、スプーンで差し込むように均等に生地の中に入れる。

5 フタをせず、600Wの電子レンジで2分30秒～3分加熱する。

MEMO

ハムとチーズを加えるときは、スプーンを垂直に差し込むように生地の中に入れます。加熱するまでなるべく生地をつぶさないようにすることがふんわり仕上げるコツ。

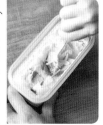

コーンパン

コーンのやさしい甘さと
プチプチ食感を楽しんで。

材料（510㎖コンテナ1個分）

塩 … 2g
ドライイースト … 1g
水 … 90g
強力粉 … 100g
ホールコーン … 25g

作り方

1 塩、ドライイースト、水をコンテナに
　入れ、溶けるまでフォークでよく混ぜ
　る。

2 強力粉を加え、粉っぽさがなくなり粘
　り気が出るまで小さめのスプーンで1
　分以上を目安にぐるぐるとよく混ぜる。

3 コーンを加え、均等になるようにさら
　に混ぜる。

4 乾燥しないようにフタをし、室温に置
　いて高さが2倍以上になるまで60〜90
　分発酵させる。

5 フタをせず、600Wの電子レンジで2分
　30秒〜3分加熱する。

MEMO

ホールコーンは、水気を
しっかりと切ってから生
地に混ぜましょう。コー
ンの水分があると、パン
生地に水分が加わり、失
敗の原因になります。

枝豆パン

いろどりがキレイなお食事パン。
お好みでチーズを加えても美味!

材料 (510mℓコンテナ1個分)

塩 … 2g
ドライイースト … 1g
水 … 90g
強力粉 … 100g
枝豆 (ゆでてさやからはずしたもの)
　… 25g

作り方

1　塩、ドライイースト、水をコンテナに
　入れ、溶けるまでフォークでよく混ぜ
　る。

2　強力粉を加え、粉っぽさがなくなり粘
　り気が出るまで小さめのスプーンで1
　分以上を目安にぐるぐるとよく混ぜる。

3　枝豆を加え、均等になるようにさらに
　混ぜる。

4　乾燥しないようにフタをし、室温に置
　いて高さが2倍以上になるまで60〜90
　分発酵させる。

5　フタをせず、600Wの電子レンジで2分
　30秒〜3分加熱する。

明太マヨパン

ほのかな明太子の旨味と塩気が
やみつきになるおいしさ!

材料（510㎖コンテナ1個分）

塩 … 2g
ドライイースト … 1g
水 … 80g
明太子マヨネーズ … 20g
強力粉 … 100g
乾燥パセリ … 適宜

作り方

1 塩、ドライイースト、水、明太子マヨネーズをコンテナに入れ、溶けるまでフォークでよく混ぜる。

2 強力粉を加え、粉っぽさがなくなり粘り気が出るまで小さめのスプーンで1分以上を目安にぐるぐるとよく混ぜる。

3 乾燥しないようにフタをし、室温に置いて高さが2倍以上になるまで60〜90分発酵させる。

4 生地の上に好みでパセリをふり、フタをせず、600Wの電子レンジで2分30秒〜3分加熱する。

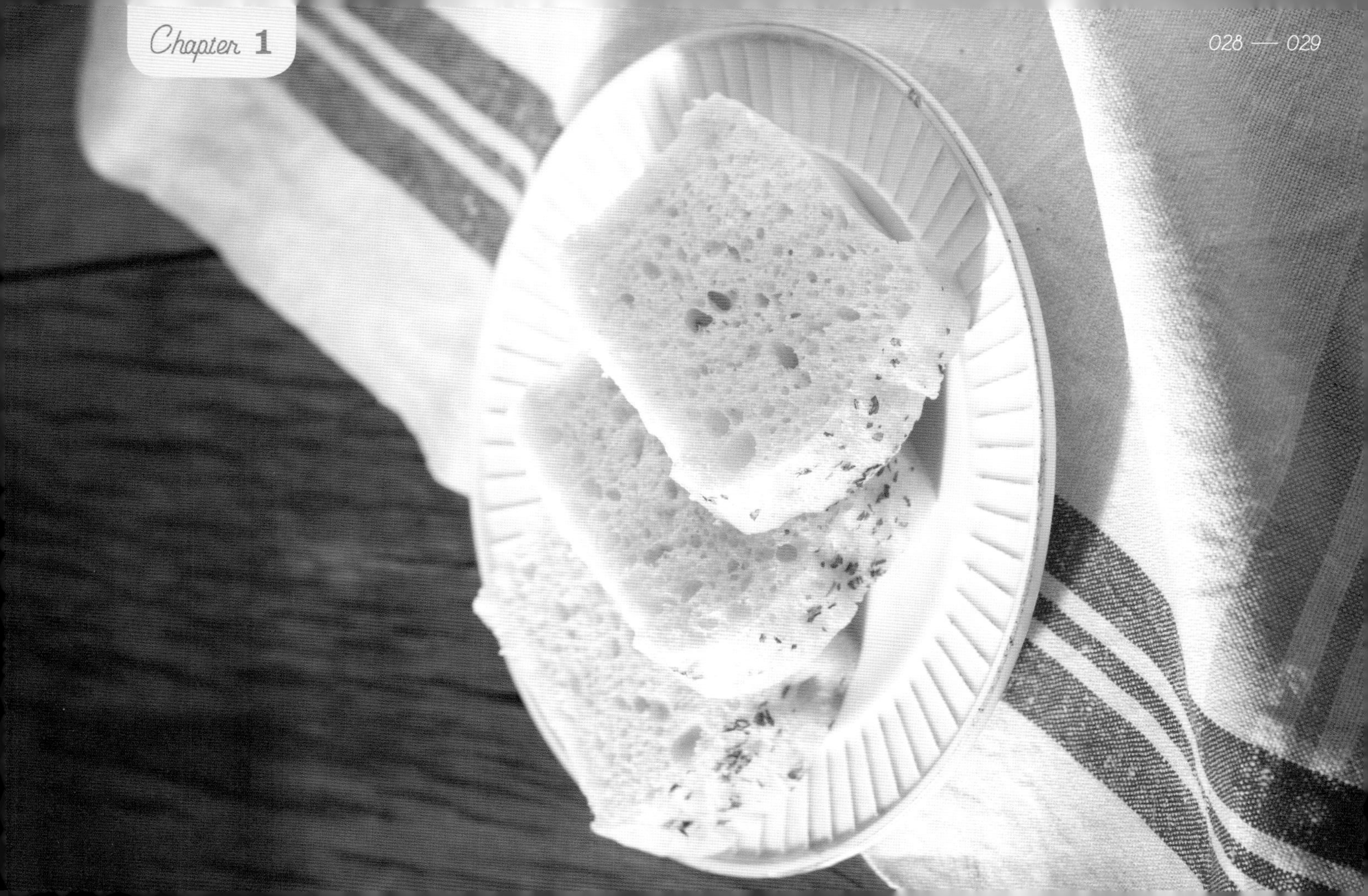

塩パン

バターの香りが広がるパン。
トーストするとバターがじゅわ〜!

材料（510mℓコンテナ1個分）

塩 … 2g
ドライイースト … 1g
水 … 90g
強力粉 … 100g
バター（有塩）… 7g×3個
塩、こしょう … 各適宜

作り方

1 塩、ドライイースト、水をコンテナに入れ、溶けるまでフォークでよく混ぜる。

2 強力粉を加え、粉っぽさがなくなり粘り気が出るまで小さめのスプーンで1分以上を目安にぐるぐるとよく混ぜる。

3 乾燥しないようにフタをし、室温に置いて高さが2倍以上になるまで60〜90分発酵させる。

4 均等に間隔を空け、バターを3カ所に差し込む。バターが隠れるよう生地を指でならす。

5 生地の上に好みで塩、こしょうをふり、フタをせず、600Wの電子レンジで2分30秒〜3分加熱する。

MEMO

バターは三等分したときにパンの真ん中に入った状態になるよう、間隔を空けて差し込み、生地でふさぎます。指で円を描くようにならすと簡単。塩パンは加熱するとバターが流れ出て生地につくので、取り出したらキッチンペーパーでおさえて。

かぼちゃパン

かぼちゃの自然な甘みで
やさしい味に仕上がります。

材料（510mℓコンテナ1個分）

かぼちゃ… 70g
塩 … 2g
ドライイースト … 1g
水 … 90g
はちみつ… 5g
強力粉 … 100g

作り方

1 かぼちゃはラップで包み、600W
の電子レンジで2分30秒加熱する。
40gは皮をとってつぶし、30gは
皮ごと1cmの角切りにしておく。

2 塩、ドライイースト、水、はちみ
つをコンテナに入れ、溶けるまで
フォークでよく混ぜる。

3 強力粉を加え、粉っぽさがなくな
り粘り気が出るまで小さめのスプ
ーンで1分以上を目安にぐるぐる
とよく混ぜる。

4 1でつぶしたかぼちゃを加え、マ
ーブル状になるように混ぜる。

5 乾燥しないようにフタをし、室温
に置いて高さが2倍以上になるまで
60〜90分発酵させる。

6 1で角切りにしたかぼちゃを上に
のせ、600Wの電子レンジで2分
30秒〜3分加熱する。

MEMO

つぶしたかぼちゃは、
スプーンで大きく混ぜ
ながら加えます。混ぜ
すぎないようにするこ
とが、マーブル状に仕
上げるコツ。

バジルチーズパン

イタリアンなパンは
食事にもおつまみにもぴったり!

材料（510mℓコンテナ1個分）

塩 … 2g

ドライイースト … 1g

あえるタイプのパスタソース
（バジル味）… 1袋

水 … パスタソースと合わせて95g
になるよう調整

強力粉 … 100g

ピザ用チーズ … 25g

作り方

1 塩、ドライイースト、パスタソース、
水をコンテナに入れ、溶けるまでフォ
ークでよく混ぜる。

2 強力粉を加え、粉っぽさがなくなり粘
り気が出るまで小さめのスプーンで1
分以上を目安にぐるぐるとよく混ぜる。

3 乾燥しないようにフタをし、室温に置
いて高さが2倍以上になるまで60〜90
分発酵させる。

4 チーズを上にのせ、スプーンで差し込
むように少し生地の中に入れる。

5 フタをせず、600Wの電子レンジで2分
30秒〜3分加熱する。

ウインナーロールパン

食べ応え満点！
お好みでケチャップとマスタードを添えて。

材料（510㎖コンテナ1個分）

塩 … 2g
ドライイースト … 1g
水 … 90g
強力粉 … 100g
ウインナー … 3本

作り方

1 塩、ドライイースト、水をコンテナに入れ、溶けるまでフォークでよく混ぜる。

2 強力粉を加え、粉っぽさがなくなり粘り気が出るまで小さめのスプーンで1分以上を目安にぐるぐるとよく混ぜる。

3 乾燥しないようにフタをし、室温に置いて高さが2倍以上になるまで60〜90分発酵させる。

4 ウインナーは1本だけ半分に切る。1本＋½本ずつ、上下2段になるように押し込む。

5 フタをせず、600Wの電子レンジで2分30秒〜3分加熱する。

MEMO

ウインナーを入れるときは、1段目は底まで押し込み、2段目は上のほうになるように深さを調整して入れます。

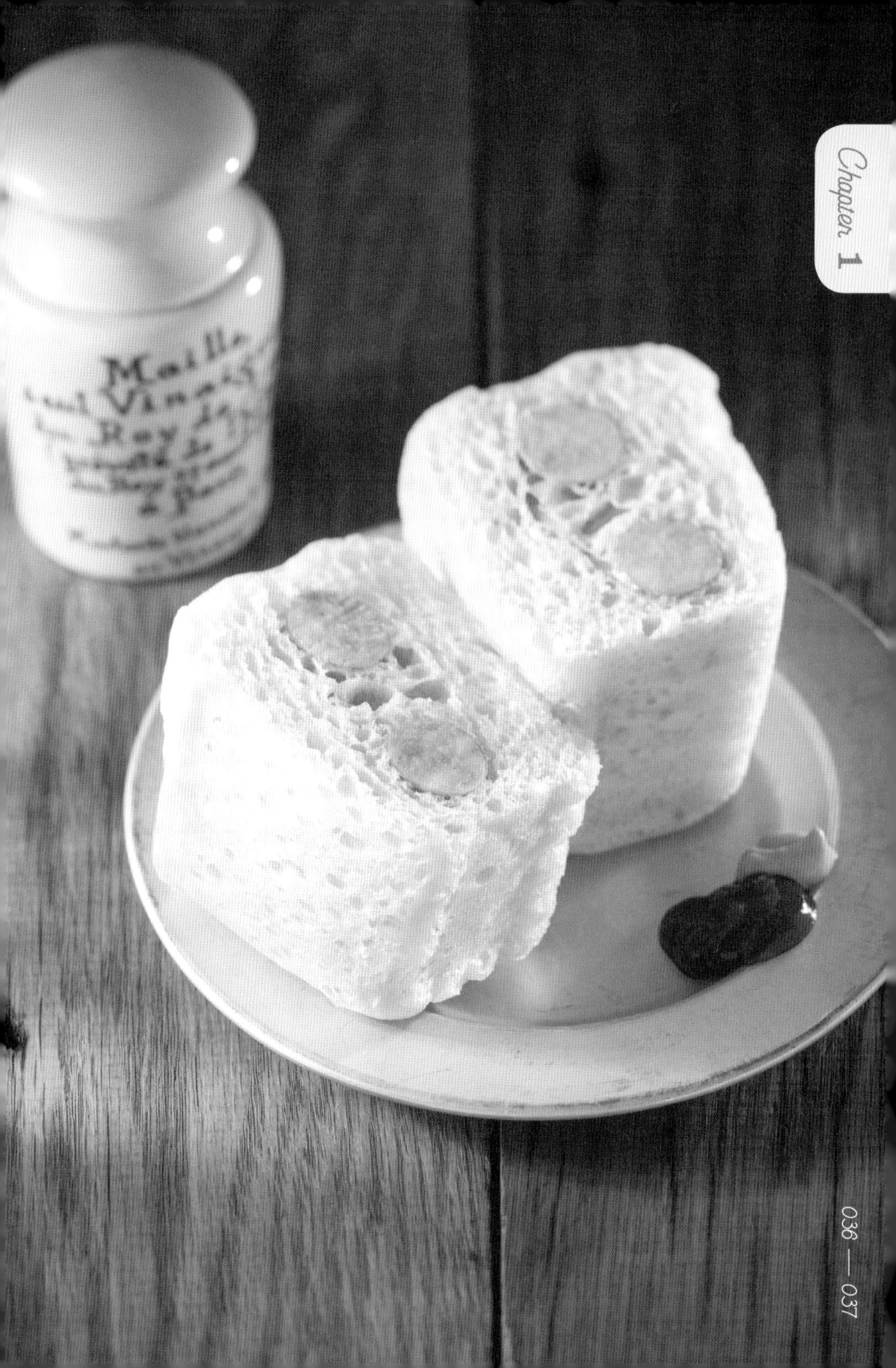

肉まん風

あっという間に肉まん！
シュウマイを使ったアイデアパン。

材料（130㎖コンテナ4個分）

塩 … 2g
ドライイースト … 1g
水 … 90g
強力粉 … 100g
シュウマイ … 4個

作り方

1 塩、ドライイースト、水をボウルなどに入れ、溶けるまで泡だて器でよく混ぜる。

2 強力粉を加え、粉っぽさがなくなり粘り気が出るまで菜箸の持ち手側で1分以上を目安にぐるぐるとよく混ぜる。生地を4等分して130㎖のコンテナにそれぞれ入れる。

3 乾燥しないようにフタをし、室温に置いて高さが2倍以上になるまで60〜90分発酵させる。

4 コンテナ1個につき、シュウマイを1個ずつ押し込み、シュウマイが隠れるように生地を指でならす。

5 フタをせず、コンテナ1個ずつ、600Wの電子レンジで1分〜1分30秒加熱する。

MEMO

シュウマイを押し込んだら、生地を上にかぶせるように指で寄せながら、円を描くようにならしてください。

熱々とろ〜りがおいしい!
ピザまん風

子どもにも大人気!
あんまん風

冷凍を使えば手間いらず!
エビチリまん風

角煮とパン生地が合う!
角煮まん風

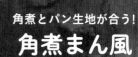

あんまん風

(材料（130㎖コンテナ4個分）)

塩 … 2g　ドライイースト … 1g
水 … 90g　強力粉 … 100g
あんこ … 35g×4

(作り方)

1 P.39の工程**1〜3**と同様に生地を混
　ぜ、発酵させる。
2 コンテナ1個につき、あんこ35gを
　丸めて押し込み、生地を指でならす。
3 フタをせず、コンテナ1個ずつ、
　600Wの電子レンジで1分〜1分30
　秒加熱する。

ピザまん風

(材料（130㎖コンテナ4個分）)

塩 … 2g　ドライイースト … 1g
水 … 90g　強力粉 … 100g
ピザソース … 小さじ1×4
ピザ用チーズ … 10g×4

(作り方)

1 P.39の工程**1〜3**と同様に生地を混
　ぜ、発酵させる。
2 コンテナ1個につき、ピザソース小
　さじ1とチーズ10gをスプーンで差
　し込むように生地の中に入れ、生地
　を指でならす。
3 フタをせず、コンテナ1個ずつ、
　600Wの電子レンジで1分〜1分30
　秒加熱する。

角煮まん風

(材料（130㎖コンテナ4個分）)

塩 … 2g　ドライイースト … 1g
水 … 90g　強力粉 … 100g
角煮 … 20〜30g×4

(作り方)

1 P.39の工程**1〜3**と同様に生地を混
　ぜ、発酵させる。
2 コンテナ1個につき、汁気を切った
　角煮20〜30gをひと口大に切って押
　し込み、生地を指でならす。
3 フタをせず、コンテナ1個ずつ、
　600Wの電子レンジで1分〜1分30
　秒加熱する。

エビチリまん風

(材料（130㎖コンテナ4個分）)

塩 … 2g　ドライイースト … 1g
水 … 90g　強力粉 … 100g
エビチリ（冷凍など） … 20g×4

(作り方)

1 P.39の工程**1〜3**と同様に生地を混
　ぜ、発酵させる。
2 コンテナ1個につき、エビチリ20g
　を押し込み、生地を指でならす。
3 フタをせず、コンテナ1個ずつ、
　600Wの電子レンジで1分〜1分30
　秒加熱する。

ポテトサラダパン

ホクホクのポテトでお腹も大満足。
お弁当にもオススメです！

材料（510㎖コンテナ1個分）

塩 … 2g
ドライイースト … 1g
水 … 90g
強力粉 … 100g
ポテトサラダ … 80g
乾燥パセリ … 適宜

作り方

1 塩、ドライイースト、水をコンテナに入れ、溶けるまでフォークでよく混ぜる。

2 強力粉を加え、粉っぽさがなくなり粘り気が出るまで小さめのスプーンで1分以上を目安にぐるぐるとよく混ぜる。

3 乾燥しないようにフタをし、室温に置いて高さが2倍以上になるまで60〜90分発酵させる。

4 ポテトサラダをスプーンで差し込むように、生地の中央にライン状に入れる。

5 生地の上に好みでパセリをふり、フタをせず、600Wの電子レンジで2分50秒〜3分20秒加熱する。

MEMO

具材を追加すると熱が全体に通りにくくなるため、加熱時間がやや長めになっています。様子を見ながら調整してください。

ひじきパン

栄養満点の和風おかずパン。
お好みの惣菜でアレンジしても。

材料（510mlコンテナ1個分）

顆粒だし… 8g
ドライイースト … 1g
水 … 90g
強力粉 … 100g
ひじき煮（汁気を切っておく）
　　… 40g

作り方

1　顆粒だし、ドライイースト、水をコンテナに入れ、溶けるまでフォークでよく混ぜる。

2　強力粉を加え、粉っぽさがなくなり粘り気が出るまで小さめのスプーンで1分以上を目安にぐるぐるとよく混ぜる。

3　ひじき煮30gを加え、均等になるようにさらに混ぜる。

4　乾燥しないようにフタをし、室温に置いて高さが2倍以上になるまで70〜100分発酵させる。

5　ひじき煮10gを上にのせ、フタをせず、600Wの電子レンジで2分40秒〜3分10秒加熱する。

MEMO

ひじき煮はキッチンペーパーなどでしっかりと汁気を切ってから生地に混ぜましょう。全体の水分量がかわってしまうと失敗する原因になります。

キーマカレーパン

チーズの塩気がアクセント！
揚げないもちもちカレーパン。

材料（510mℓコンテナ1個分）

A
│ 合いびき肉 … 50g
│ 玉ねぎ（みじん切り）… 20g
│ おろしにんにく … 少々
│ 塩、こしょう … 各少々
塩 … 2g
ドライイースト … 1g
水 … 90g
ウスターソース … 10g
砂糖 … 10g
強力粉 … 100g
カレー粉 … 5g
チェダーチーズ … 適量

作り方

1 Aを耐熱容器に入れ、ラップをかけて600Wの電子レンジで2分加熱する。

2 塩、ドライイースト、水、ウスターソース、砂糖をコンテナに入れ、溶けるまでフォークでよく混ぜる。

3 強力粉とカレー粉を加え、粉っぽさがなくなり粘り気が出るまで小さめのスプーンで1分以上を目安にぐるぐるとよく混ぜる。

4 冷ました**1**を加え、均等になるようにさらに混ぜる。

5 乾燥しないようにフタをし、室温に置いて高さが2倍以上になるまで70〜100分発酵させる。

6 1cmの角切りにしたチェダーチーズを生地の上にのせ、フタをせず、600Wの電子レンジで2分50秒〜3分20秒加熱する。

ピザパン

子どもも好きなケチャップ風味。
コーンやソーセージなど、お好きな具をのせてどうぞ！

材料（510mℓコンテナ1個分）

ブロッコリー… 適量
ドライイースト … 1g
水 … 70g
ケチャップ … 30g
オリーブオイル … 5g
強力粉 … 100g
ベーコン… 適量
ピザ用チーズ … 適量

作り方

1 ブロッコリーは小房に分けてラップで包み、600Wの電子レンジで1〜2分加熱する。

2 ドライイースト、水、ケチャップ、オリーブオイルをコンテナに入れ、溶けるまでフォークでよく混ぜる。

3 強力粉を加え、粉っぽさがなくなり粘り気が出るまで小さめのスプーンで1分以上を目安にぐるぐるとよく混ぜる。

4 乾燥しないようにフタをし、室温に置いて高さが2倍以上になるまで60〜90分発酵させる。

5 1のブロッコリー、食べやすく切ったベーコン、チーズを生地の上にのせる。フタをせず、600Wの電子レンジで2分50秒〜3分20秒加熱する。

MEMO

ブロッコリー、ベーコン、チーズは合計で35g程度になるよう調整してください。量が多すぎると生地が重さで膨らまなくなってしまいます。

お好み焼き風パン

まるで本物のお好み焼きみたい!
だしが効いた本格派の味。

材料 (510mlコンテナ1個分)

顆粒だし … 8g

ドライイースト … 1g

卵 … 1個

水 … 卵と合わせて100gになる
　　よう調整

強力粉 … 100g

キャベツ (千切り) … 15g

紅しょうが … 適量

お好み焼き用ソース … 適宜

マヨネーズ … 適宜

かつお節 … 適宜

青のり … 適宜

作り方

1　顆粒だし、ドライイースト、卵、水を
コンテナに入れ、溶けるまでフォーク
でよく混ぜる。

2　強力粉を加え、粉っぽさがなくなり粘
り気が出るまで小さめのスプーンで1
分以上を目安にぐるぐるとよく混ぜる。

3　キャベツを加え、均等になるようにさ
らに混ぜる。

4　乾燥しないようにフタをし、室温に置
いて高さが2倍以上になるまで60〜90
分発酵させる。

5　紅しょうがを生地の上にのせ、フタを
せず、600Wの電子レンジで2分50秒
〜3分20秒加熱する。

6　焼きあがったパンをスライスし、食べ
る直前に好みでソース、マヨネーズ、
かつお節、青のりをかける。

ラーメンパン

ひと口食べれば不思議としょうゆラーメン!
中華気分のときにオススメです。

材料(510mℓコンテナ1個分)

中華スープのもと(顆粒)… 5g
ドライイースト … 1g
水 … 90g
しょうゆ… 3g
強力粉 … 100g
なると … 2枚+1枚
チャーシュー… 2枚
小ねぎ(小口切り)… 適量

作り方

1 中華スープのもと、ドライイースト、水、しょうゆをコンテナに入れ、溶けるまでフォークでよく混ぜる。

2 強力粉を加え、粉っぽさがなくなり粘り気が出るまで小さめのスプーンで1分以上を目安にぐるぐるとよく混ぜる。

3 細切りにしたなると2枚分を、スプーンで差し込むように、均等に生地の中に入れる。

4 乾燥しないようにフタをし、室温に置いて高さが2倍以上になるまで70〜100分発酵させる。

5 なると1枚、チャーシュー、小ねぎを生地の上にのせる。フタをせず、600Wの電子レンジで2分50秒 〜 3分20秒加熱する。

MEMO

なると、小ねぎ、チャーシューなどラーメンに使う具材を用意。なると2枚は細切りにして混ぜ込むことで、アクセントに。

(*Column*)

パンのおとも

そのまま食べてもおいしいBOXパンですが、
ジャムやバターを合わせるとまた違ったおいしさが楽しめます。
ここでは私が常備しているオススメの商品をご紹介します。

カヤミラ
カヤジャム（ココナッツ）

ココナッツミルクと卵で作られた濃厚な甘さのジャム。私の第2の故郷シンガポールの朝食の定番なのですが、カスタードのような誰もが好きな味わい！ トーストしたパンに塗っていただくのがオススメです。
220g　480円＋税／フジフードサービス

よつ葉バターはバターの風味がとてもいいのが特徴。スーパーなどで手に入りやすいのもうれしいポイントです。バタートーストにしてもいいですが、溶かしバターにして、パンをちぎってつけてもおいしい！
100g　274円＋税／よつ葉乳業

よつ葉　パンにおいしい
よつ葉バター

レフェッレ　フレーバード・オリーブオイル
白トリュフ風味

少しの量で、芳醇なトリュフの香りをプラスできるオイル。シンプルに岩塩と一緒にパンにつけるのもおいしいですが、一番のオススメはパンケーキとの組み合わせ。ちょっとたらすだけで一気に大人のパンケーキに！
250mℓ　1350円＋税／グリーンエージェント

Chapter
2

おやつBOXパン

甘さ控えめのおやつパンは、
ついつい毎日食べたくなるおいしさ。
手作りなら添加物も
入っていないので、安心。
簡単なので、
お子さまと一緒に作るのもオススメ！

メープルパン

メープルシロップの香りがふんわり。
甘い幸せを召し上がれ！

材料（510mℓコンテナ1個分）

メープルシロップ … 30g＋20g

ドライイースト … 1g

卵黄 … 1個分

水 … 卵黄と合わせて70gになるよ
　う調整

強力粉 … 100g

マーガリン（有塩）… 10g

作り方

1　メープルシロップ30g、ドライイースト、卵黄、水をコンテナに入れ、溶けるまでフォークでよく混ぜる。

2　強力粉、マーガリンを加え、粉っぽさがなくなり粘り気が出るまで小さめのスプーンで1分以上を目安にぐるぐるとよく混ぜる。

3　乾燥しないようにフタをし、室温に置いて高さが2倍以上になるまで60～90分発酵させる。

4　メープルシロップ20gをスプーンで差し込むように、マーブル状に生地の中に入れる。

5　フタをせず、600Wの電子レンジで2分30秒～3分加熱する。

MEMO

メープルシロップは、発酵した生地をつぶさないようにスプーンで差し込むように混ぜます。混ぜすぎず、マーブル状にするのがオススメ。

チョコチップパン

ココア生地のBOXパンは、
甘すぎないビターな大人味。

材料（510mℓコンテナ1個分）

塩 … 2g

砂糖 … 20g

ドライイースト … 1g

卵黄 … 1個分

水 … 卵黄と合わせて105gにな
るよう調整

強力粉 … 100g

マーガリン（有塩）… 10g

ココア … 10g

チョコチップ … 35g

作り方

1 塩、砂糖、ドライイースト、卵黄、水
をコンテナに入れ、溶けるまでフォー
クでよく混ぜる。

2 強力粉、マーガリン、ココアを加え、
粉っぽさがなくなり粘り気が出るまで
小さめのスプーンで1分以上を目安に
ぐるぐるとよく混ぜる。

3 チョコチップを加え、均等になるよう
にさらに混ぜる。

4 乾燥しないようにフタをし、室温に置
いて高さが2倍以上になるまで60〜100
分発酵させる。

5 フタをせず、600Wの電子レンジで2分
30秒〜3分加熱する。

絶対おいしい、王道の組み合わせ！

バナナチョコチップ

溶けたマシュマロがおいしい！

サモア風

チョコが溶け出すリッチなパン

フォンダンショコラ

バナナチョコチップ

材料（510mℓコンテナ1個分）

塩 … 2g　砂糖 … 20g
ドライイースト … 1g　卵黄 … 1個分
水 … 卵黄と合わせて105gになるよう調整
強力粉 … 100g
マーガリン（有塩）… 10g
ココア … 10g
チョコチップ … 25g　バナナ … 35g

作り方

1 P.59の工程 **1〜2** と同様に生地を混ぜる。

2 チョコチップと1cmの角切りにしたバナナをスプーンで差し込むように、均等に生地の中に入れる。

3 P.59の工程 **4** と同様に発酵させたら、フタをせず、600Wの電子レンジで2分50秒〜3分20秒加熱する。

サモア風

材料（510mℓコンテナ1個分）

塩 … 2g　砂糖 … 20g
ドライイースト … 1g　卵黄 … 1個分
水 … 卵黄と合わせて105gになるよう調整
強力粉 … 100g
マーガリン（有塩）… 10g
ココア … 10g
マシュマロ … 4個（12g）
チョコレート … 13g

作り方

1 P.59の工程 **1〜2** と同様に生地を混ぜる。

2 4等分にしたマシュマロをスプーンで差し込むように、均等に生地の中に入れる。

3 P.59の工程 **4** と同様に発酵させたら、適当な大きさに割ったチョコレートを上にのせ、フタをせず、600Wの電子レンジで2分50秒〜3分20秒加熱する。

フォンダンショコラ

材料（130mℓコンテナ4個分）

生クリーム … 20g
チョコレート … 50g
塩 … 2g
砂糖 … 20g
ドライイースト … 1g
卵黄 … 1個分
水 … 卵黄と合わせて105gになるよう調整
強力粉 … 100g
マーガリン（有塩）… 10g
ココア … 10g

作り方

1 生クリームを耐熱容器に入れ、600Wの電子レンジで20秒加熱する。適当な大きさに割ったチョコレートを加えて溶けるまで混ぜ、冷蔵庫で冷やす。

2 P.59の工程 **1〜2** と同様に生地を混ぜる。生地を4等分して130mℓのコンテナにそれぞれ入れる。

3 P.59の工程 **4** と同様に発酵させたら、4等分して丸めた **1** を1個ずつ押し込む。

4 フタをせず、コンテナ1個ずつ、600Wの電子レンジで40秒〜1分加熱する。

レーズンパン

レーズンの自然な甘みで
毎日食べても飽きないおいしさ!

材料（510㎖コンテナ1個分）

塩 … 2g

砂糖 … 20g

ドライイースト … 1g

卵黄 … 1個分

水 … 卵黄と合わせて100gになる
　よう調整

強力粉 … 100g

マーガリン（有塩）… 10g

レーズン … 25g

作り方

1　塩、砂糖、ドライイースト、卵黄、水
　をコンテナに入れ、溶けるまでフォー
　クでよく混ぜる。

2　強力粉、マーガリンを加え、粉っぽさ
　がなくなり粘り気が出るまで小さめの
　スプーンで1分以上を目安にぐるぐる
　とよく混ぜる。

3　レーズンを加え、均等になるようにさ
　らに混ぜる。

4　乾燥しないようにフタをし、室温に置
　いて高さが2倍以上になるまで60〜90
　分発酵させる。

5　フタをせず、600Wの電子レンジで2分
　30秒〜3分加熱する。

キャラメルくるみパン

コロコロ入ったキャラメルとくるみの
甘さと食感がアクセント！

材料（510mℓコンテナ1個分）

塩 … 2g

砂糖 … 20g

ドライイースト … 1g

卵黄 … 1個分

水 … 卵黄と合わせて100gになるよ
　う調整

強力粉 … 100g

マーガリン（有塩）… 10g

キャラメル … 3個

くるみ（手で小さく割る）… 10g

作り方

1　塩、砂糖、ドライイースト、卵黄、水
　をコンテナに入れ、溶けるまでフォー
　クでよく混ぜる。

2　強力粉、マーガリンを加え、粉っぽさ
　がなくなり粘り気が出るまで小さめの
　スプーンで1分以上を目安にぐるぐる
　とよく混ぜる。

3　4等分に切ったキャラメルとくるみを
　スプーンで差し込むように、均等に生
　地の中に入れる。

4　乾燥しないようにフタをし、室温に置
　いて高さが2倍以上になるまで70〜100
　分発酵させる。

5　フタをせず、600Wの電子レンジで2分
　40秒〜3分10秒加熱する。

MEMO

キャラメルとくるみを混ぜる
ときは、それぞれがバランス
よく均等に生地の中に混ざる
ようにすることがポイント。
生地をつぶさないよう気を付
けて。

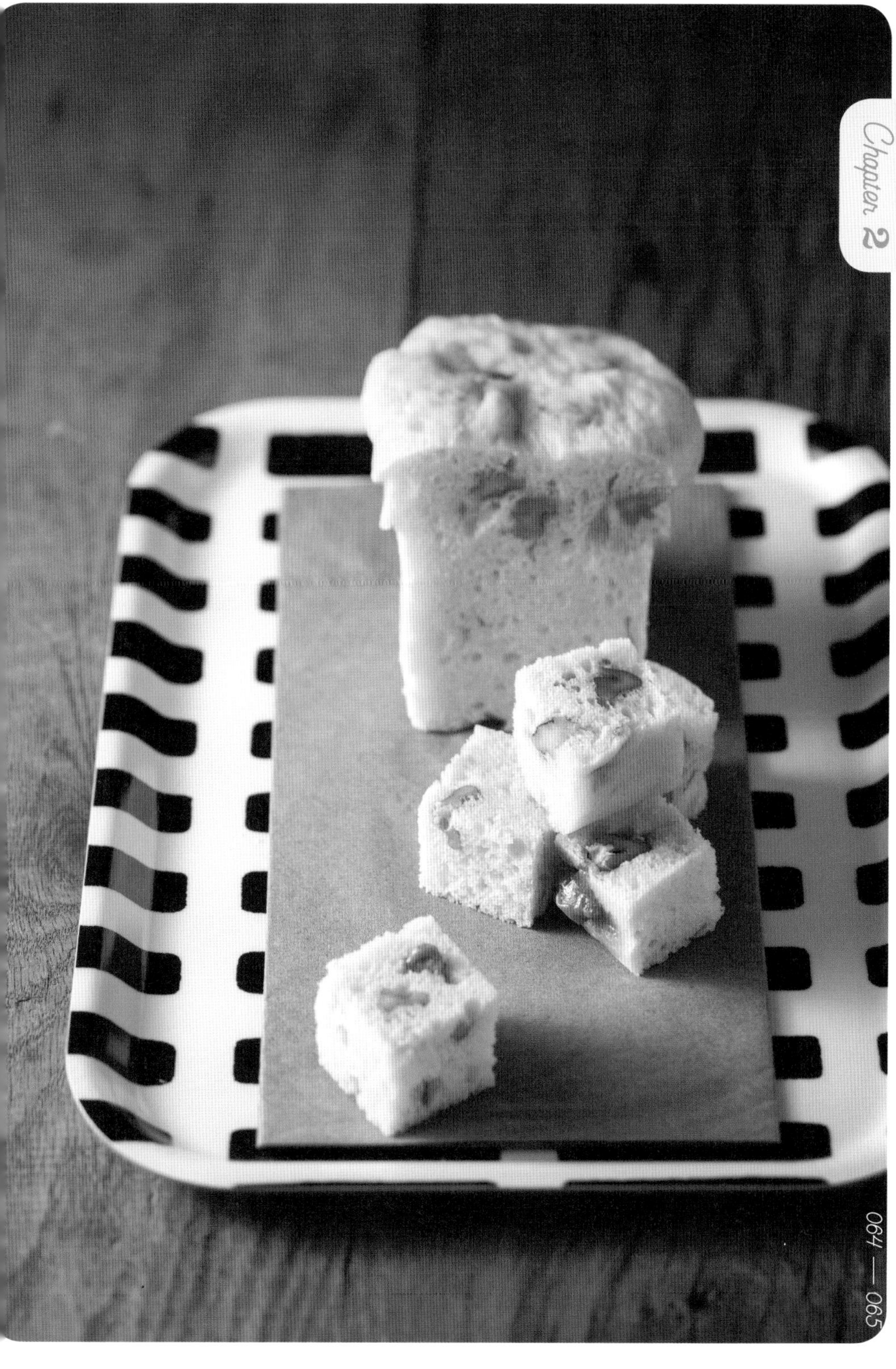

オレオマーブルパン

マーブル模様がかわいい！
クッキーのザクザク食感が楽しいパンです。

材料（510mlコンテナ1個分）

塩 … 2g
砂糖 … 20g
ドライイースト … 1g
卵黄 … 1個分
水 … 卵黄と合わせて100gに
　　なるよう調整
強力粉 … 100g
マーガリン（有塩）… 10g
オレオ … 2枚＋1枚

作り方

1 塩、砂糖、ドライイースト、卵黄、水をコンテナに入れ、溶けるまでフォークでよく混ぜる。

2 強力粉、マーガリンを加え、粉っぽさがなくなり粘り気が出るまで小さめのスプーンで1分以上を目安にぐるぐるとよく混ぜる。

3 手で適当な大きさに砕いたオレオ2枚分を加え、スプーンで底から大きく混ぜ、マーブル状にする。

4 乾燥しないようにフタをし、室温に置いて高さが2倍以上になるまで70〜100分発酵させる。

5 適当な大きさに割ったオレオ1枚分を生地の上にのせ、フタをせず、600Wの電子レンジで2分50秒 〜 3分20秒加熱する。

MEMO

オレオを生地に混ぜるときは、コンテナの底から大きくざっくりと混ぜます。混ぜすぎるときれいなマーブル状にならないので注意。

紅茶パン

アールグレイでも、ダージリンでも、
お好みの香りの紅茶を選んで。

ストレート

材料（510mℓコンテナ1個分）

塩 … 2g
砂糖 … 20g
ドライイースト … 1g
卵黄 … 1個分
水 … 卵黄と合わせて100g
　　になるよう調整
強力粉 … 100g
マーガリン（有塩）… 10g
紅茶（ティーバッグの茶葉）
　　… 5g

作り方

1 塩、砂糖、ドライイースト、卵黄、水を
コンテナに入れ、溶けるまでフォークで
よく混ぜる。

2 強力粉、マーガリンを加え、粉っぽさが
なくなり粘り気が出るまで小さめのスプ
ーンで1分以上を目安にぐるぐるとよく
混ぜる。

3 紅茶を加え、均等になるようにさらに混
ぜる。

4 乾燥しないようにフタをし、室温に置い
て高さが2倍以上になるまで60〜90分
発酵させる。

5 フタをせず、600Wの電子レンジで2分
30秒〜3分加熱する。

レモン

材料（510mℓコンテナ1個分）

ストレートの材料
　　… 510mℓコンテナ1個分
レモン汁… 小さじ1
レモン … 適量

作り方

1 ストレートの工程1〜2と同様に生地を
混ぜる。

2 紅茶とレモン汁を加え、均等になるよう
にさらに混ぜる。

3 ストレートの工程4と同様に発酵させた
ら、いちょう切りにしたレモンを上にの
せ、フタをせず、600Wの電子レンジで
2分30秒〜3分加熱する。

抹茶あんこパン

日本茶と一緒に食べたい和風パン。
つぶあん・こしあんはお好みで!

材料（510㎖コンテナ1個分）

塩 … 2g
砂糖 … 20g
ドライイースト … 1g
水 … 95g
強力粉 … 100g
マーガリン（有塩）… 10g
抹茶 … 5g
あんこ … 60g

作り方

1 塩、砂糖、ドライイースト、水をコンテナに入れ、溶けるまでフォークでよく混ぜる。

2 強力粉、マーガリンと抹茶を加え、粉っぽさがなくなり粘り気が出るまで小さめのスプーンで1分以上を目安にぐるぐるとよく混ぜる。

3 乾燥しないようにフタをし、室温に置いて高さが2倍以上になるまで60〜90分発酵させる。

4 あんこを3等分して丸め、均等に間隔を空けて3カ所に押し込む。あんこが隠れるよう生地を指でならす。

5 フタをせず、600Wの電子レンジで2分30秒〜3分加熱する。

MEMO

あんこは丸めて、発酵後の生地に指で押し込みます。やや下めに入れると、切ったときにかわいい断面になります。

チーズケーキ風

クリームチーズ多めのしっとり食感。
甘さ控えめなので、好みで仕上げに粉砂糖をふって。

材料（510mℓコンテナ1個分）

クリームチーズ … 50g
塩 … 2g
砂糖 … 20g
ドライイースト … 1g
卵黄 … 1個分
生クリーム … 50g
強力粉 … 30g
粉砂糖 … 適宜

作り方

1 クリームチーズをコンテナに入れ、600Wの電子レンジで20秒加熱してやわらかくする。

2 塩、砂糖、ドライイースト、卵黄、生クリームを加え、溶けるまでフォークでよく混ぜる。

3 強力粉を加え、粉っぽさがなくなるまで小さめのスプーンで1分以上を目安にぐるぐるとよく混ぜる。

4 乾燥しないようにフタをし、室温に置いて高さが2倍以上になるまで70〜100分発酵させる。

5 フタをせず、600Wの電子レンジで2分30秒〜3分加熱する。

6 器に盛り、粉砂糖をふる。

MEMO
できたてはやわらかめなので冷蔵庫で1時間ほど冷やしてから食べるのがオススメです。

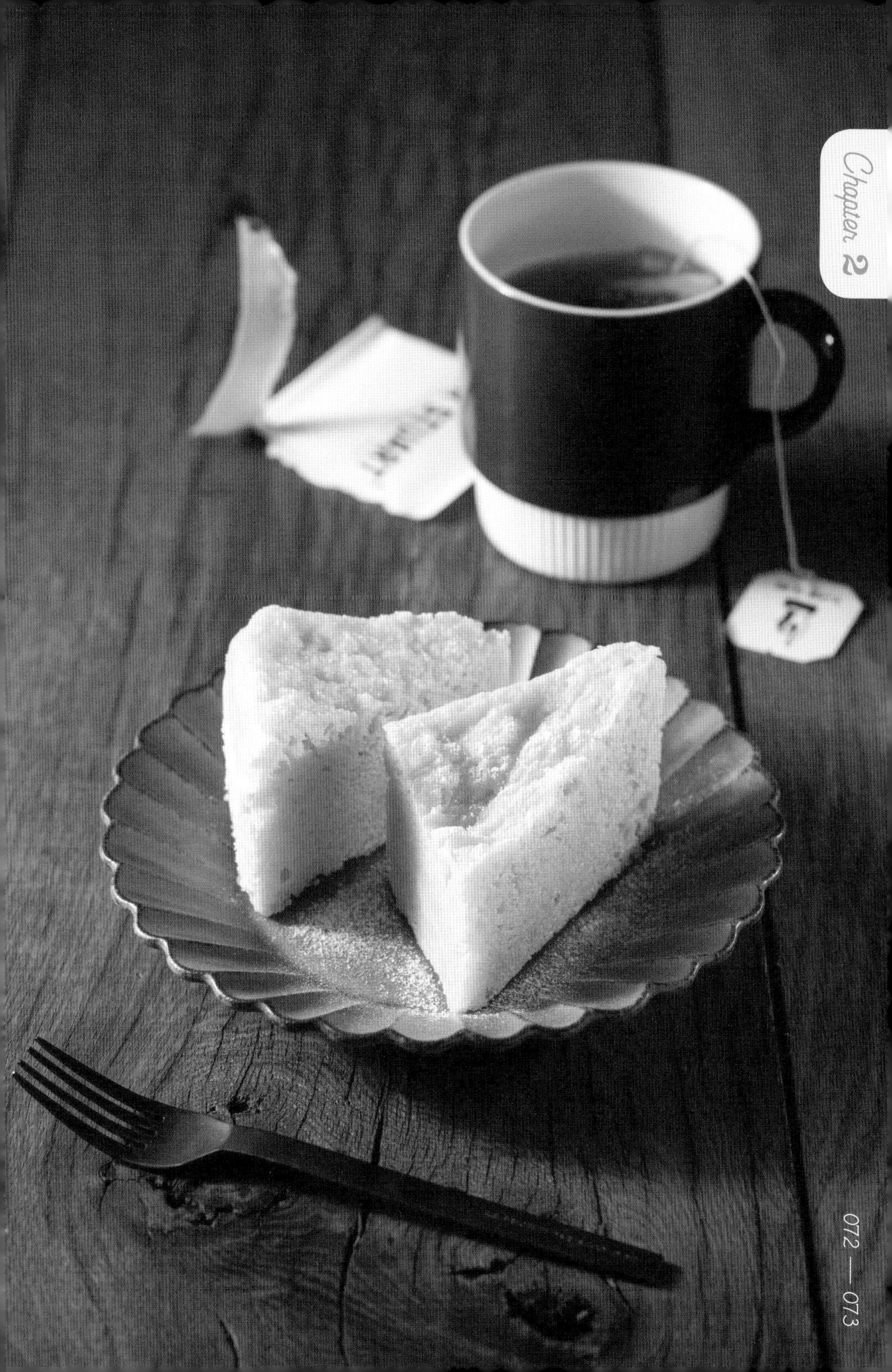

アップルパン

シナモンの香りが効いた
アップルパイ風のパンです。

材料（510mℓコンテナ1個分）

りんご … ¼個
塩 … 2g
砂糖 … 20g
ドライイースト … 1g
卵黄 … 1個分
水 … 卵黄と合わせて100gになる
　　よう調整
強力粉 … 100g
マーガリン (有塩) … 10g
シナモン … 少々

作り方

1 りんごは半量を1cmの角切りにし、残りの半量をいちょう切りにする。一緒にコンテナに入れ、600Wの電子レンジで1分加熱し、冷ましておく。

2 塩、砂糖、ドライイースト、卵黄、水を別のコンテナに入れ、溶けるまでフォークでよく混ぜる。

3 強力粉、マーガリンを加え、粉っぽさがなくなり粘り気が出るまで小さめのスプーンで1分以上を目安にぐるぐるとよく混ぜる。

4 1で角切りにしたりんごをスプーンで差し込むように、均等に生地の中に入れる。

5 乾燥しないようにフタをし、室温に置いて高さが2倍以上になるまで70〜100分発酵させる。

6 1でいちょう切りにしたりんごを生地の上に並べてシナモンをふる。フタをせず、600Wの電子レンジで2分40秒〜3分10秒加熱する。

MEMO

いちょう切りと角切りにしたりんごは、一緒にコンテナに入れて加熱すればラクチン。別々の工程で使うので、混ざらないようにしておきましょう。

BOXパンをアレンジしよう！

BOXパン作りに慣れてきたら、
好きな材料でオリジナルのレシピを作ってみるのも楽しい！
上手に作るためのコツをお教えします。

砂糖や具材は各25gまで

砂糖を入れすぎると、イースト菌が浸透圧で
死んでしまうため、今回のレシピの場合は
25gまでにおさえましょう。
具材も同様に、生地に混ぜるのは1cm四方ほ
どの軽いものを25gまでが目安。ただし、
油分、塩分、汁気の多いものや酵素の多い食
品（生の野菜やくだもの、発酵食品など）は
発酵の妨げになるので避けましょう。

具材の混ぜ方について

具材の混ぜ方には「発酵前に生地に均等に混ぜる」方法以
外に、「発酵後に生地の中に差し込む」「発酵後に上にのせ
る」の3パターンがあります。
大きく重さのあるものは発酵の妨げになるため、発酵後に
加えるのがポイント。中に入れたいときは、発酵した生地
をつぶさないように差し込むように入れましょう。大きく
て差し込めないものや表に見せたいものは上にのせます。

Chapter 3

もっと楽しむ！
BOXパン

BOXパンの生地を使って作れば、
パンケーキもドーナツも失敗することなく
ふわっふわの仕上がりに。
お休みの日やパーティー、
贈り物にいかがでしょう？

パンケーキ

ふっくら厚めのパンケーキで
カフェ気分を味わって！

プレーン

材料（2〜3人分）

塩 … 4g
砂糖 … 18g
ドライイースト … 2g
卵 … 2個（100〜110g）
牛乳 … 70g
サラダ油 … 20g
バニラエッセンス … 適量
強力粉 … 160g
バター（有塩）… 適量
メープルシロップ … 適量

作り方

1 塩、砂糖、ドライイースト、卵、牛乳、サラダ油、バニラエッセンスをボウルなどに入れ、溶けるまで泡だて器でよく混ぜる。

2 強力粉を加え、粉っぽさがなくなり粘り気が出るまで菜箸の持ち手側で1分以上を目安にぐるぐるとよく混ぜる。

3 乾燥しないようにラップをし、室温に置いて容積が2倍以上になるまで240〜300分発酵させる（オーブンの発酵機能35℃の場合は120分ほど）。

4 フライパンにスプーンで生地を落とし、弱火〜中火で2分ほど焼く。小さな泡が出たらひっくり返してフタをし、3〜5分ほど火が通るまで焼く。

5 器に盛り、バターをのせてメープルシロップをかける。

ココア

材料（2〜3人分）

塩 … 4g
砂糖 … 18g
ドライイースト … 2g
卵 … 2個（100〜110g）
牛乳 … 80g
サラダ油 … 20g
バニラエッセンス … 適量
強力粉 … 160g
ココア … 10g
バター（有塩）… 適量
メープルシロップ … 適量

作り方

1 塩、砂糖、ドライイースト、卵、牛乳、サラダ油、バニラエッセンスをボウルなどに入れ、溶けるまで泡だて器でよく混ぜる。

2 強力粉とココアを加え、粉っぽさがなくなり粘り気が出るまで菜箸の持ち手側で1分以上を目安にぐるぐるとよく混ぜる。

3 プレーンの工程3〜5と同様に発酵させて焼く。

MEMO

強力粉を混ぜるときは粘り気がでるので、菜箸の持ち手側を使って。下のほうを握り、粉っぽさが残らないようしっかり混ぜましょう。

フレンチトースト

卵が染み込んだふわとろ食感。
熱々を召し上がれ！

材料（2人分）

〈**基本のBOXパン**
　510㎖コンテナ1個分〉
| 塩 … 2g
| ドライイースト … 1g
| 水 … 90g
| 強力粉 … 100g
〈**卵液**〉
| 卵 … 1個
| 牛乳 … 100cc
| 砂糖 … 大さじ2
バター（有塩）… 適量
粉砂糖 … 適宜
メープルシロップ … 適宜

MEMO

卵液に浸したパンは崩れやすいので、取り扱いに注意してください。フライパンへ入れるときは、フライ返しなどでそっと持って。

作り方

1 塩、ドライイースト、水をコンテナに入れ、溶けるまでフォークでよく混ぜる。

2 強力粉を加え、粉っぽさがなくなり粘り気が出るまで小さめのスプーンで1分以上を目安にぐるぐるとよく混ぜる。

3 乾燥しないようにフタをし、室温に置いて高さが2倍以上になるまで60〜90分発酵させる。

4 フタをせず、600Wの電子レンジで2分30秒〜3分加熱する。粗熱をとり、コンテナから出して食べやすい厚さに切る。

5 卵液の材料を混ぜ、**4**を両面浸し、ラップをして20分以上置く。

6 フライパンにバターをひき、中火で焼き色がつくまで両面焼く。

7 器に盛り、好みで粉砂糖とメープルシロップをかける。

ドーナツ

驚くほどふわっふわ!
ひと口サイズでかわいく作って。

材料 (2〜3人分)

塩 … 4g
砂糖 … 25g
ドライイースト … 2g
卵 … 2個 (100〜110g)
牛乳 … 70g
サラダ油 … 20g
バニラエッセンス … 適量
強力粉 … 160g
砂糖 (仕上げ用) … 適量

作り方

1 塩、砂糖、ドライイースト、卵、牛乳、サラダ油、バニラエッセンスをボウルに入れ、溶けるまで泡だて器でよく混ぜる。

2 強力粉を加え、粉っぽさがなくなり粘り気が出るまで菜箸の持ち手側で1分以上を目安にぐるぐるとよく混ぜる。

3 乾燥しないようにラップをし、室温に置いて容積が2倍以上になるまで240〜300分発酵させる(オーブンの発酵機能35℃の場合は120分ほど)。

4 生地をスプーンでひと口大ずつすくい、200℃に熱した油(分量外)に入れ、2〜3分揚げる。

5 油を切り、砂糖をまぶす。

おにぎりパン

コロンとした形がかわいいパン。
いろいろな具を試してみて！

材料（130㎖コンテナ4個分）

塩 … 2g
ドライイースト … 1g
水 … 90g
強力粉 … 100g
〈具〉
ふりかけ … 1袋（小袋）
梅干し … 1個
ツナマヨネーズ … 適量
昆布の佃煮 … 適量

作り方

1 塩、ドライイースト、水をボウルなどに入れ、溶けるまで泡だて器でよく混ぜる。

2 強力粉を加え、粉っぽさがなくなり粘り気が出るまで菜箸の持ち手側で1分以上を目安にぐるぐるとよく混ぜる。生地を4等分して130㎖のコンテナにそれぞれ入れる。

3 コンテナ1個にふりかけを½袋ほど加え、均等になるようにさらに混ぜる。残りのふりかけを上にかける。

4 コンテナ4個すべて乾燥しないようにフタをし、室温に置いて高さが2倍以上になるまで60～90分発酵させる。

5 ふりかけを入れたコンテナ以外の3個にそれぞれ梅干し、ツナマヨネーズ、昆布の佃煮をスプーンで差し込むように生地の中に入れ、生地を指でならす。

6 フタをせず、600Wの電子レンジでコンテナ1個ずつ、それぞれ1分～1分30秒加熱する。

紙コップパン

贈り物にもぴったりのカップケーキ風。
アイシングでおしゃれに飾って。

材料（205ccの紙コップ2個分）

好みのBOXパンの生地（P.56のメープルパン、P.58のチョコチップパンなどがオススメ）
… 510㎖コンテナ1個分
〈クリームチーズアイシング〉
| クリームチーズ … 100g
| バター（無塩）… 35g
| 砂糖 … 40g
| レモン汁 … 小さじ1
アラザン … 適宜
アーモンドダイス（ロースト）
　… 適宜

作り方

1　好みのBOXパンの工程の通り、生地をボウルなどで混ぜる。

2　生地を100gずつ紙コップに入れ、ラップをする。室温に置いて紙コップの口から1㎝下の高さになるまで60〜90分発酵させる。

3　好みのBOXパンの工程の通り、発酵後に生地に加えるものがある場合は、加える。

4　ラップをせず、紙コップ1個ずつ、600Wの電子レンジで1分20秒〜1分50秒加熱する。

5　クリームチーズとバターを室温でやわらかくし、砂糖、レモン汁と合わせてよく混ぜる。パンに塗り、好みでアラザンやアーモンドダイスを散らす。

MEMO

生地を紙コップに入れるときは、半分の高さより下を目安に。紙コップの口より1㎝下くらいになるまで発酵させます。

ショートケーキ風

難しいスポンジも
BOXパンなら簡単＆おいしい！

材料（4人分）

塩 … 2g
砂糖 … 20g
ドライイースト … 1g
卵黄 … 1個分
水 … 卵黄と合わせて100gに
　なるよう調整
強力粉 … 100g
マーガリン（有塩） … 10g
〈シロップ〉
　砂糖 … 30g
　水 … 30g
〈ホイップクリーム〉
　生クリーム … 200cc
　砂糖 … 30〜50g
いちご … 大きめ8個

作り方

1 塩、砂糖、ドライイースト、卵黄、水を510mlのコンテナに入れ、溶けるまでフォークでよく混ぜる。

2 強力粉、マーガリンを加え、粉っぽさがなくなり粘り気が出るまで小さめのスプーンで1分以上を目安にぐるぐるとよく混ぜる。

3 乾燥しないようにフタをし、室温に置いて高さが2倍以上になるまで60〜90分発酵させる。

4 フタをせず、600Wの電子レンジで2分30秒〜3分加熱する。冷まして縦半分、横4枚にスライスする。

5 シロップの材料を耐熱容器に入れ、600Wの電子レンジで30秒加熱して混ぜ、砂糖を溶かす。4の両面にたっぷりと塗り、冷蔵庫で30分以上寝かせる。

6 ホイップクリームを9分立てにする。いちごは飾る分を残し、スライスする。パン・クリーム・いちご・クリーム・パンの順に重ね、クリームといちごを飾る。

MEMO

たっぷりシロップを染み込ませることがおいしさのポイントです。スライスしたパンは、バットなどに並べてハケでまんべんなくシロップを塗って。

ディップ

パーティーにもぴったりのディップ。
お好みのBOXパンを角切りにして添えて。

チョコソース

材料（2〜3人分）

チョコレート … 50g
生クリーム … 30g

作り方

1 すべての材料を耐熱容器に入れ、
　600Wの電子レンジで30秒加熱する。
　取り出して、よく混ぜ合わせる。

チーズフォンデュ

材料（2〜3人分）

溶けるチーズ … 50g
白ワイン … 大さじ1

作り方

1 すべての材料を耐熱容器に入れ、
　600Wの電子レンジで白ワインが軽
　く沸騰するまで40秒ほど加熱する。
　取り出して、よく混ぜ合わせる。

ワカモレ

材料（3〜4人分）

アボカド … ½個
カットトマト缶 … 大さじ3
おろしにんにく … 小さじ1
レモン汁 … 小さじ1
塩、こしょう … 各少々
タバスコ … 適宜

作り方

1 すべての材料をポリ袋に入れ、アボ
　カドをつぶすように手で混ぜる（混
　ざりづらい場合は袋から出してブレ
　ンダーなどで攪拌する）。

ピザソース

材料（3〜4人分）

カットトマト缶 … ½缶
ケチャップ … 大さじ3
おろしにんにく … 大さじ1
オリーブオイル … 大さじ1
塩、こしょう … 各少々
オレガノ … あればひとつまみ

作り方

1 すべての材料をよく混ぜ合わせる。

Q & A

パン作りで疑問があるときや、レシピ通りに作っても
うまくいかなかったときは、ここをチェック！
パンや小麦粉の性質についても、お教えします。

そもそも
なんでパンって
膨らむの？

パンが膨らむのは、イースト菌がガ
スを発生させるから。そのガスを逃
がさないために必要なのが、小麦粉
のたんぱく質に水と力を加えること
で作られるグルテンの膜です。それ
を加熱してさらに膨らませてできる
のが、パンです。

なぜ、オーブンを
使わなくても
パンが作れるの？

BOXパンでは最初によく混ぜること
でグルテンをしっかり作ります。オ
ーブンのかわりに電子レンジの熱を
加えることで、膨らませています。
グルテンを上手に活用することで、
オーブンなしでパンを作っています。

強力粉ではなく、
薄力粉でもいい？

薄力粉は、強力粉よりもグ
ルテンがかなり少なく、膨
らむ力も弱いため、パン作
りには適していません。薄
力粉は料理やクッキーなど
に使用しましょう。

発酵しないときは
どうしたらいい？

材料を量って小麦粉を入
れる前の状態で、長い時
間置いておくと、塩分や
糖分の濃度にイースト菌
が負けてしまい、発酵し
なくなることがあります。
材料を量ったらすぐに混
ぜましょう。

なかなか
発酵しないとき、
早めるには？

発酵が遅いときは、生地
の温度や室温が低いこと
が原因と考えられます。
オーブンをお持ちでした
ら、発酵機能を使って30
〜35℃に温めることで、
発酵のスピードが早くな
ります。

電子レンジで
加熱したけれど、
パンがうまく
膨らまなかった。

膨らみが悪いときは、発
酵不足の場合があります。
しっかり2倍以上に発酵
させてから、電子レンジ
で加熱するように気を付
けてください。

電子レンジで
加熱したら、
パンが硬くなって
しまった。

電子レンジは中心から熱
が入るため、加熱しすぎ
るとパンが中心から硬く
なることがあります。電
子レンジの機種によって
加熱の具合には個体差が
出てくるので、もう少し
加熱時間を短くしてみま
しょう。

常温に置いていたら、
パンが硬く
なってしまった。

常温に置いて保管すると
きは、乾燥を防ぐために
密閉しましょう。シンプ
ルなレシピほど、時間が
経つと水分が抜けていき、
硬くなります。できあが
ってすぐに冷凍してしま
うのもオススメ。

味が薄いと
感じるときは?

本書のレシピは、砂糖やバターをあ
まり使用せず、全体的にヘルシーな
配合になっています。物足りないと
きはオープンサンドにしたり、トー
ストしてジャムをつけたりするのも
オススメです。生地に何かを足した
いときは、P.76を参考に、砂糖や
具材は各25gまでにおさえましょう。

BOXパンって
太る?

食パンや菓子パンに比べて、砂糖も
バターも不使用の基本のBOXパン
は低カロリー。510mlのコンテナ1
個で約366kcalになります。その他の
レシピも砂糖や油脂が控えめとなっ
ています。ただし、どんな食品でも、
食べ過ぎや偏った食べ方はNG。バ
ランスの良い食事を心がけてくださ
い。

食材別 INDEX

STAFF

撮影	内山めぐみ
フードスタイリング	井上裕美子 (エーツー)
デザイン	細山田光宣＋狩野聡子 (細山田デザイン事務所)
校正	東京出版サービスセンター
編集協力	明道聡子 (リブラ舎)
編集	森 摩耶 (ワニブックス)

世界一ズボラな
BOXパン!

著者　斎藤ゆかり

2020年 5 月30日　初版発行
2020年11月20日　3 版発行

発行者　横内正昭
編集人　青柳有紀
発行所　株式会社ワニブックス
　　　　〒150-8482
　　　　東京都渋谷区恵比寿4-4-9　えびす大黒ビル
　　　　電話　03-5449-2711 (代表)
　　　　　　　03-5449-2716 (編集部)
　　　　ワニブックスHP　http://www.wani.co.jp/
　　　　WANI BOOKOUT　http://www.wanibookout.com/
印刷所　株式会社光邦
DTP　株式会社オノ・エーワン
製本所　ナショナル製本